اللي بيزْرع بيُحْصُد

أحْمد يونِس

Where There's a Will

Levantine Arabic Reader – Book 2
(Palestinian Arabic)

by Ahmed Younis

lingualism

ISBN: 978-1-949650-44-0

Written by Ahmed Younis

Edited by Ahmed Younis and Matthew Aldrich

English translation by Ahmed Younis and Matthew Aldrich

Cover art by Duc-Minh Vu

Audio by Ahmed Younis

website: www.lingualism.com

email: contact@lingualism.com

Introduction

The **Levantine Arabic Readers** series aims to provide learners with much-needed exposure to authentic language. The fifteen books in the series are at a similar level (B1-B2) and can be read in any order. The stories are a fun and flexible tool for building vocabulary, improving language skills, and developing overall fluency. **This book is specifically Palestinian Arabic.**

The main text is presented on even-numbered pages with tashkeel (diacritics) to aid in reading, while parallel English translations on odd-numbered pages are there to help you better understand new words and idioms. A second version of the text is given at the back of the book, without the distraction of tashkeel and translations, for those who are up to the challenge.

Visit the **Levantine Arabic Readers** hub at **www.lingualism.com/lar**, where you can find:

- **free accompanying audio** to download or stream (at variable playback rates)

- a **guide** to the Lingualism orthographic (spelling and tashkeel) system

- a **blog** with tips on using our Levantine Arabic readers to learn effectively

اللي بيزْرع بيُحْصُد

ياسِر وحْسينْ وسيْف صْحاب مِن زمان، مِن أيّام المدْرسة، وكانوا يِقْضوا أغْلب وَقِتْهُم مع بعْض، في المدْرسة، وبعْد المدْرسة في الشّارِع لمّا يِلْعبوا كوْرة، وبْكُلّ مكان كانوا يْروحوه كانوا دايْماً يْروحوا مع بعْض، كإنْهُم توائِم، وكُلّ النّاس كانت مْلاحْظة هادا الإشي عليْهُم.

لمّا كِبْروا، ومِن كُتُر ما هُمَّ مِتْعلّقين بْبعْض، قرّروا بعِد ما خلّصوا مدْرسة إنْهُم يِدْرُسوا نفْس التّخصُّص سَوا. وبعِد كْتير مْناقشات بيْنْهُم هُمَّ التّلاتة وحسب ما شافوا العالم ويْن مِتْوَجّْه، قرّروا إنْهُم يِدْرُسوا تسْويق رقمي لإنّو هادا التّخصُّص إلو شُغُل كْتير.

سيْف بيحْكي: "وأخيراً صِرْنا بِالجامْعة. هادي المرْحلة كُنِت دايْماً أسْتنّى إنّي أَوْصلْها، بسّ هلْقيْت لازِم نِتْعب أكْتر لإنّو الجامْعة ما فيها لعِب زيّ المدْرسة."

كانوا في الجامْعة كمان يِقْعُدوا مع بعْض ويِحْكوا عن أحْلامْهُم وطموحاتْهُم دايْماً. مثلاً حْسينْ كان يَأْسان كْتير مِن الحَياة ودايْماً مِتْوتِّر ومْفكِّر إنّو رح يِتْخرّج وما يْلاقي شُغُل وهالمَوْضوع كان مْسبِّبْلو أزْمة ومْخلّيه مِش مْركِّز بِدْراسْتو.

Where There's a Will

Yasser, Hussein, and Saif are long-time friends from school days. They would spend most of their time together, in school, and after school in the streets where they used to play soccer. Everywhere else they used to go to, they would always go together, as if they were triplets, and all the people were noticing this thing they had for each other.

When they grew up, and because they're so close to each other, they decided that after they graduate from high school, they would study the same major together. And after many discussions between the three of them, and according to what they saw about the world trends, they decided they were going to study digital marketing because this major has a lot of job opportunities.

Saif said, "Finally, we are in university. I was always waiting to reach this stage, but now we have to work harder because in the university there's no time for playing like in school.

They also used to spend time together at the university, sitting together and talking about their dreams and aspirations all the time. For example, Hussein was desperate about life a lot, always stressed, thinking he would not find work after graduation, and this was a problem that kept him from focusing on his study.

حْسينْ كان يْردِّد كلام زيّ هيْك: "أكْتر إشي خايِف مِنّو تْروح كُلّ السّْنين اللي قريتْها بِالجامْعة عالفاضي. الخريجين كْتار وفِش شُغْل في البلد. أيّام سوْدا بْتِسْتنّانا."

أمّا سيْف وياسِر كانوا يِتْطلّعوا عالجُزْء الملْيان مِن الكاسة، ويفكّْروا بْشكِل إيجابي لإنّْهُم شايْفين إنّو تخصُّصهم كْتير مطْلوب في السّوق وإنّْهُم قادْرين يْلاقوا شُغْل مْناسِب حتّى لَوْ كان في تنافُس كْبير وفُرص قليلة.

وبعِد أرْبع سْنين خلّصوا دْراسة بالجامْعة واتْخرّجوا مِنْها. وصاروا يْدوّْروا على شُغْل بْكُلّ مكان، ولكِن ياسِر اِقْترح عليْهُم إنّْهُم يِفْتحوا شِركة هُمَّ التّلاتة مع بعْض ويكونوا شْركا لإنّو بِالحالة هادي مِش رح يِضْطرّوا إنّْهُم يْقدّْموا على شُغْل في شِركات تانْيَة.

حْسينْ ردّ عليْه بْسُرْعة وقالّو: "يا زلمِة شِرْكةْ شو؟ إنْتَ بْتِفْكِّر مَوْضوع الشِّرْكة سهِل؟ بِدّك مصاري كْتير ولِسّا بِدّك وَقِت عشان النّاس تِعْرفك ويْصيروا يِتْعامْلوا معك. اِنْسى المَوْضوع كُلّو. بلا هبل."

Hussein used to repeat words like these: "What I'm most afraid of is that all these years I spent studying at the university go in vain. Too many graduates, no job opportunities in the country; dark days are waiting for us."

As for Saif and Yasser, they saw the cup half full. They were thinking positively because they see that their major is in demand in the market and that they can find a suitable job even if there's a lot of competition with few opportunities.

And after four years, they finished studying at the university and graduated. They started looking for jobs everywhere, but Yasser suggested that they start a company where the three of them are partners because, in this case, they wouldn't have to apply to jobs at other companies.

Hussein quickly replied to him and said, "What company, man? Do you think starting a company is that easy? You need a lot of money. You also need time for people to get to know you and start working with you. Forget about this whole thing. Stop being crazy."

سيْف عجْبتو الفِكْرة وعلّق عالمَوْضوع: "والله فِكْرة حِلْوَة. صحّ هِيَّ فيها مخاطِر وبِدُّها فْلوس بسّ لَوْ إحْنا تعِبْنا على حالْنا، خاصّة في البِدايات، رح يِطْلع مِنّا إشي كْتير حِلو، وشْوَيّة شْوَيّة بْنِكْبر في السّوق والنّاس بْتِعْرفْنا."

ياسِر وسيْف بيحاوْلوا يِقْنِعوا حْسيْن بِالفِكْرة لحتّى يْغيِّر رأْيو ويْضلّ معْهُم في الفِكْرة اللي هُمَّ بيطْمحوا إنُّهم يْطبّْقوها على أرْض الواقع.

ياسِر بيحْكيلو: "إنْتَ ليْش هيْك دايْماً سلْبي؟ ليْش ما تِحْكي إنّو هدوْل الشِّرْكات المشْهورة في يوْم مِن الأيّام كانوا مُبْتدْئين زيْنا؟ وهُمّ بعِد شُغُل كم سنة وبعْد التّعب وِصْلوا للّي هُمَّ بِدُّهُم إيّاه؟"

سيْف علّق: "مزْبوط كلامك يا ياسِر، والفِكْرة مُمْكِن تْكون جْنونية بسّ مِش مُسْتحيلة. في كْتير ناس من بلدْنا كان عِنْدْهُم شِرْكات صْغيرة وشْوَيّة شْوَيّة كِبْروا في السّوق وصار إلْهُم إسِم، وإنْتَ عارِف هالحكي!"

بعِد ما ضلّ سيْف وياسِر يْحاوْلوا يِقْنِعوا حْسيْن، قرّر حْسيْن إنّو يْوافِق على الفِكْرة ويْشارِك معْهُم في المشْروع اللي بِدُّهُم يِعْملوه، بسّ بيْنو وبيْن نفْسو ما كان مُقْتنع بِالفِكْرة كْتير، بسّ هُوَّ ما بِدّو صْحابو يِزْعلوا مِنّو، لهيْك وافق.

Saif liked the idea and commented, "This is a good idea. Yes, it comes with some risks, and it requires money, but if we work hard–especially at the beginning–something very good will come out of us. And little by little, we'll grow in the market, and people will get to know us."

Yasser and Saif are trying to convince Hussein of the idea in order to change his mind and stick to the idea that they aspire to implement in the real world. Yasser tells him, "Why are you always negative? Why not say that these well-known companies were once beginners just like us? And after working hard for several years, they got to what they wanted to be."

Saif commented, "You're right, Yasser, and the idea might be crazy, but it is not impossible. Many people from our country had small companies, and a little by little, they grew up in the market and made a name for themselves, and you know all about that!"

After Saif and Yasser kept trying to convince Hussein, Hussein decided to agree to the idea and be a part of the business they want to work on. But in his mind, he was not fully convinced of the idea, but he didn't want his friends to be upset with him, so he agreed.

بعِد ما وافق حْسينْ، اتّفقوا كُلْهُم يِسْتعينوا بِالنّاس الخِبْرة في مجالّ الشِّرْكات ويْطْلُبوا مِنْهُم نصايح بِخْصوص آليةْ عمل الشِّرْكات وبْأيّ مجالّ بْيِنْصحوهُم يِفْتحوا الشِّرْكة.

ومع إنّو حْسينْ مِش كْتير مُتفائِل بِالمشْروع وفِكْرِتو إلّا إنّو اتْبرّع يِحْكي مع ناس صْحابو عِنْدْهُم شِرْكة لَيِفْهم مِنْهُم كيْف نِظام الشِّرْكات في البلد بْشكِل عامّ وهل بْيِنْصحوهُم يِفْتحوا شِرْكة جْديدة وَلّا عالفاضي.

وياسِر حكى: "وأنا كمان رح أسْأل أبوي. صْحابو عِنْدْهُم شِرْكةْ مُقاوَلات وأكيد رح يْفيدونا. إلْهُم عِشْرين سنة بِالمجالّ، يَعْني رح يَعْطونا خُلاصةْ خِبْرِتْهُم."

وبعِد المُشاوَرة بيْنْهُم وبينْ بعضْهُم، وبعِد ما سألوا كم شخْص مُتخصِّص في واحد مِنْهُم حكالْهُم: "إنْتو التّلاتة دارْسين نفْس التّخصُّص وأحْسن حل إنْكو تِفْتحوا شِرْكة في مجالْكُم، يَعْني في التّسْويق الرّقمي، وهيْك بيكون في عِنْدْكو مجالّ أكْتر للإبْداع."

ردّ ياسِر: "أنا معك مية بِالمية. هُوَّ صحّ، في عِنّا خِيارات كْتير، بسّ إحْنا درسْنا أرْبع سْنين في الجامْعة وتخصُّصْنا كْتير حِلو وإلو مجالّ سِواء في البلد أَوْ عالنتّ، فالأفْضل إنّو نِشْتِغل بْتخصُّصْنا لإنّو أكْتر إشي بْنِفْهم فيه."

After Hussein agreed, they all agreed to seek help from people with experience in the corporate field and ask them for advice on the way that companies work and in what field they would advise them to start the company.

And despite Hussein not being optimistic about the business and the idea, he volunteered to talk with some of his friends who own a company to understand more about the system of the companies in the country in general and whether they advise them to start a new company or it's just not worth it.

Yasser said, "I'm also going to ask my dad. His friends have a contracting company, and I am sure they will do us good. They've been in the field for 20 years. I mean, they will give us a summary about their experience."

After the discussion they had, and after they asked a few specialized people, one of them said, "The three of you studied the same major, and the best approach is that you start a company in your field of expertise, that is, in digital marketing, and this is where you would have more room for creativity."

Yasser replied, "I agree with you, 100%. It's true, we have many options, but we spent four years studying at the university. Our major is so good, and it has a lot of work opportunities, whether in the country or online, so the best thing is that we work in our specialty because it's the most thing that we have experience in."

بلّشوا الشّباب يْطبّقوا فِكرِتْهُم اللي هِيَّ عِبارة عن شرِكِةْ تسْويق رقمي. جمّعوا الفِلوس اللازْمة والأدَوات إللي بْتِلْزَمْهُم في فتح مكْتب جْديد. وصاروا يْدوّروا على مكان مُناسِب يِفْتحوا فيه شرِكْتْهُم.

بعِد كم أُسْبوع وهُمَّ يْدوّروا على مكان، حْسين بيحْكي بْنبْرة كُلْها تشاؤُم: "يا عمّي، الواحد مِن أوّلْها بِدّو يِتْعب هيْك؟ كُلّ هاد ولِسّا بِنْدوِّر على مكان. كيْف بُكْرة لمّا نِشْتِغِل؟ اِسْمعوا شو رأْيْكُم نِلْغي الفِكْرة وخلص؟"

سيْف ما سكّتْلو وحكالو: "نِفْسي أعْرف وَقْتيْش بِدّك تْبطِّل سِلْبي. يا زلمِة، بيكفّي! ليْش دايْماً بِتْفكِّر في المُشْكِلة وبسّ؟ جرّب مرّة تْفكِّر في الحلّ وساعِدْنا نْلاقي مكان بدل ما إنْتَ بْتِحْبِط حالك وبتِحْبِطْنا معك."

ياسِر علّق: "خلص يا شباب، اِهْدوا! رح نْضلّ نْدوِّر بْكُلّ مكان وصدّقوني إلّا ما نْلاقي مكان مُناسِب. بُكْرا بْنِطْلع سَوا وبِنْدوِّر في مكان جْديد يْكون حَيَوي وبْيِزْبُط نِفْتح فيه الشِّرْكة، وبْنفْس الوَقِت ما بِدْنا اياه يْكون بْعيد عن بْيوتْنا."

طِلْعوا الشّباب تاني يوْم، وكان حظْهُم حِلو لإنّو وأخيراً لقوا مكان مُناسِب في نُصّ المدينة وصاروا يِتْفاهموا مع صاحِب المكان وحكولو بِدْهُم يِفْتحوا شرِكِةْ تسْويق.

The guys started implementing their idea, which is a digital marketing company. They raised the necessary money and tools needed to open a new office. They started to look for a suitable place in which they would start their company.

A few weeks later, while they were looking for a place, Hussain talking in a tone filled with pessimism, "Oh, are we getting this exhausted while we're just getting started? We're still looking for a place. How is it going to be tomorrow when we start working? Listen, what about canceling the idea?

Saif stopped him and said, "Will you tell me, when are you going to stop being negative? Man, that's enough already! Why do you always only think about the problem? Try once to think about the solution and help us find a place, instead of frustrating yourself and us."

Yasser commented, "Stop it, guys! Calm down! We'll keep looking everywhere and trust me, we'll find a suitable place. We'll go together tomorrow and start looking in another place that is lively and fit for a new company. And at the same time, we don't want it to be far away from our houses."

The young men went out the next day. They were lucky because they finally found a suitable place in the middle of the city. They started negotiations with the landlord, and they told him they wanted to open a marketing company.

عملوا الإجْراءات اللّازْمة لتأْجير هادا المكان، وبدوا يِشْترِوا غْراض المكْتب الجِدْيد، مِن كراسي وطاوْلات وأجْهِزِةْ لاب توْب، وكتبوا إسْم الشِّرْكة عالمدْخل وعلى الباب، وبدوا شْغُل فيه مُباشرة.

طبْعاً هُمَّ عارْفين إنّو بِالبِداية لازِم يِتْعبوا شْوَيّة لحتّى يْصيروا معْروفين عِنْد الزّباين والنّاس اللي مُمْكِن تِسْتفيد مِن الخِدْمات اللي بيقدّموها. لهيْك بِالبِدايَة ما كان في نتائِج كْبيرة أَوْ أيّ أرْباح.

حْسيْن كعادْتو دايْماً مُتشائِم. بيحْكي لصْحابو ياسِر وسيْف: "شايْفين؟ مِش قُلْتِلْكُم عالفاضي! خِسِرْنا كُلّ فْلوسْنا وما اسْتفدْنا إشي. يَلّا احْكيلي إنْتَ وايّاه شو بِدْكو تِعْملوا هلْقيْت؟ والله لَوْ يْصحّلي آخُد فْلوسي اللي دفعْتْها وأتْرُك الشِّرْكة ما بَوَفِّر."

زِعْلوا مِنّو صْحابو مِن كلامو السِّلْبي. ياسِر بيحْكي لسيْف: "يا زلمِة يا ريْتْنا ما أقْنعْناه يْغيرِّ رأْيو ويْضلّ معْنا في الشِّرْكة. اتْطلّع يا زلمِة كيْف بيحْبِط فينا، إحْنا اتّفقْنا مِن البِدايَة إنّو نُصْبُرْ أقلّ إشي سنة لحتّى نْشوف نتائِج لإنّو هلْقيْت إحْنا لِسّا بْنِبْني إسِم إلْنا في السّوق."

They made the necessary procedures to rent this place. They started to buy new stuff for the new office, like chairs, tables, and laptops. They put their company's name at the entrance and on the door, and they started working immediately.

Of course, they know that in the beginning, they need to work very hard to be known by the customers and people who can benefit from the services they provide. So, in the beginning, there were no great results or any profits.

Hussein, as always, being pessimistic. He tells his friends, Yasser and Saif, "See what I mean? Didn't I tell you it's not worth it! We've lost all our money, and we haven't benefited at all. Now tell me, both of you, what would you like to do now? If I could take back the money I paid and leave the company, I wouldn't say no."

His friends became upset by his negative words. Yasser tells Saif, "Oh man, I wish we hadn't convinced him to change his mind and stay with us in the company. Look at the way he disappoints us. We agreed from the beginning to wait at least one year before we could start seeing results because we're still building a name for ourselves in the market."

يوْم وَرا يوْم وشهِر وَرا شهِر وهُمَّ بيشْتِغْلوا سَوا لَيْكبْروا الشِّرْكة ويْصير إلْها زباين لَيِقْدروا يْحقِّقوا فْلوس مِنْها. الكُلّ كان شايِف إنّو شِرْكِتْهُم بْتِنْشِهِر وبْتِكْبر يوْم عن يوْم. وطبْعاً أهاليهُم وكُلّ النّاس اللي بيحِبّوهُم فرِحولْهُم.

وفي يوْم مِن الأيّام، أجى صاحِب المكان لعِنْدْهُم عالشِّرْكة وفاجأْهُم بْكلامو: "أنا بِدّي أنْهي العقِد تبعْكُم معي لإنّي مِحْتاج المكان. إبْني رِجِع مِن السّفر وبِدّو يِفْتح مشْروع بِالمكان. رح أعْطيكُم مُهْلة أُسْبوع لتِطْلعوا مِن المكان عشان إبْني يِسْتلْمو. ما حدّ يْناقِشْني لَوْ سمحْتوا."

اِنْصدموا التّلات صْحاب مِن كلام صاحِب المكان وحكولو: "بسّ إحْنا مِتّْفْقين على أجار سنة، ودفعْنالك ايّاه مْقدّم. ما بيطْلعْلك تْطلّعْنا مِن المكان هيْك بْهالسُّهولة. يا سيدي لَوْ مِش عشان العقِد عشان العِشرة."

طبْعاً هُمَّ بيعْرفوا صاحِب المكان مِن قبِل لإنّو بيكون صاحِب أبو سيْف، بسّ لِلأسف ما اقْتنع الرّاجِل بْكلامْهُم وضلّوا مْصرّ على رأْيو، وحكالْهُم: "معْكُم مْهْلة أُسْبوع تِطْلعوا مِن المكان وإلّا أنا بطلِّعْكُم مِنّو بْطريقْتي!"

ويا حبيبي شو بْتِتْوَقّْعوا يْكون مَوْقِف حْسيْن؟ هُوَّ أساساً مِن الأوّل مْسكْتينو بِالعافْيَة لحتّى تِرْبُط أُمور الشِّرْكة ويْبطِّل كلامو السّلْبي وإحْباطو لنفْسو ولصْحابو.

Day after day and month after month, they worked together to grow the company and get customers so that they could make money from it. Everyone noticed that their company was growing and getting bigger day after day. Of course, their families and all their beloved ones were very happy for them.

One day, the landlord came to the company and surprised them with his words. "I want to terminate the contract because I need the place, my son came back from abroad, and he wants to open a business in the place. I will give you one week to get out of the place so that my son can take it. And there's no discussion, please."

The three friends were shocked by the words of the landlord, and they told him, "But we agreed on renting it for a year, and we paid you in advance. You can't kick us out just like that. If not because of the contract, then out of kindred spirit."

Of course, they used to know the landlord as he was a friend of Saif's father. Still, unfortunately, the man was not convinced of their words. He kept insisting on his opinion, and he said, "You have a week to get out of the place, or else I will get you out, my way!"

Oh, and could you imagine Hussein's reaction? They were barely able to keep his mouth shut until the company gets better so that he could stop his negative words and frustration for himself and his friends.

حْسينْ صار يُلْطُم ويِحْكي بْعصبية: "يا حبيبي، هيْك كِمْلت عالآخِر! والله حكيتِلْكُم مِن قبِل بلاها كُلّ هالشّغْلة، بسّ كيْف تِسْمعوا كلامي؟ يَلّا قبِل كُنّا بْمُصيبة، هلْقيْت صِرْنا بْتِنْتينْ!"

ياسِر وَلّعت معو وصار يْزعِّق في حْسينْ ويقولّو: "يا زلمةِ حِلّ عنّا. بيكفّي بْتِزْهقِش وإنْتَ تِشْكي؟! بيكفّي زهّقْتِنا، يا عمّي خُد مصاريك وسيبْنا بْحالْنا!"

حْسينْ ردّ عليْه وقالّو: "طب تمام، أنا مْوافِق. يَلّا أعْطوني مصاريّا ومِش رح تْشوفوا وِجْهي بعِد اليوْم. أصْلاً أنا الحقّ عليّ إنيّ وافقت مِن الأوّل، بسّ قُلت بِدّيش أزعِّلْكُم وبْتِضْلكُم صْحابي ومِن هالحكي."

لِلأسف، خِرْبت علاقةْ الصُّحْبة اللي بيْنْهُم. حْسينْ وياسِر بطّلوا يِحْكوا مع بعْض، لإنّو حْسينْ كان مِش مْآمِن بِالفِكْرة أصْلاً، وما صدّق يْلاقي أيّ مْشْكِلة بِتْواجِهْهُم عشان يْسيبْهُم ويِمْشي.

وفِعْلاً هُمَّ كانوا بْمُصيبة صاروا بْمُصيبْتينْ! إذا مِش تلاتة كمان! تِنْسوش مُصيبةْ حْسينْ وإنّو هلْقيْت صار يْطالِب بْحقّو والفِلوس اللي دفعْها لإنّو بِدّو يِطْلع مِن الشِّرْكة خلص.

Hussein began whining and talking angrily, "Oh my God, this is too much! I've been telling you to stop the whole thing, but who am I to listen to? We had one disaster. Now we have two!"

Yasser felt fed-up, and he started yelling at Hussain, saying, "Man, just leave us alone. Aren't you sick of complaining?! Enough! We're done. Take your money back and leave us alone!"

Hussein replied, "Okay, I agree. Give me my money, and you will not see my face ever again. I can only blame myself for agreeing, but I didn't want to upset you because you're my friends and something like that."

Unfortunately, the relationship between the friends is ruined. Hussein and Yasser stopped talking to each other because Hussein didn't believe in the idea. After facing the first problem, he wasted no time before leaving them and walking away.

And indeed, they had one disaster, but now they have two! If not three! Don't forget about Hussein and the fact that he is now demanding his right and the money he paid because he wants to quit the company.

طبْعاً سيْف وياسِر مِش عارْفين يْلاقوها مِن ويْن وَلّا مِن ويْن، مِن صاحِب المكان اللي بِدّو يِنْهي العقِد تبعْهُم ويُطْرُدْهُم مِن المكان، وَلّا مِن صاحِبْهُم حْسينْ اللي بِدّو مصاريه وبِدّو يِترْك الشِّرْكة ويِبْعد عن صْحابو سيْف وياسِر.

ياسِر اِقْترح على سيْف اِقْتِراح وقالّو: "اِسْمع، هُوَّ حُرّ. بِدّو مصاريه ياخُدْهُم، مع السّلامة، بسّ أنا وايّاك رح نْكمِّل. كُلّ مُشْكِلة وإلْها حلّ. مِش رح توقف على حْسينْ وَلّا غيْرو. بِدْنا نْكمِّل المِشْوار اللي بديناه."

سيْف وافق على كلام ياسِر وحكى: "مبْدأياً يا صاحْبي كلامك مزْبوط بسّ إحْنا مِش رح نِقْدر نعْطيه فْلوسو هلْقيْت. تِنْساش إنّو إحْنا حطّيْنا أغْلب فْلوسْنا في الشِّرْكة وهُوَّ هلْقيْت بِدّو حُصّتو، يَعْني التُّلْت. مِن ويْن بِدْنا نْجيبْلو ايّاهُم؟"

ياسِر حكالو: "تِقْلقِش، أنا بدبّرْهُم، حتّى لَوْ بِدّي أتْداين عشان أعْطيه فْلوسو. المُهِمّ ما بِدّي أشوف وِجْهو النِّحِس في الشِّرْكة بعْد اليوْم! مِن يوْم ما بلّشْنا وهُوَّ بسّ شُغْل إحْباط وسلْبية. خلّينا نِفْتك مِنّو ونِرْتاح يا زلمِة."

Of course, Saif and Yasser were surrounded with troubles, from the landlord who wants to end the contract and kick them out to their friend Hussein who wants his money back and wants to leave the company and walk away from his friends Saif and Yasser.

Yasser suggested to Saif, "Listen, he's free, if he wants his money back, so be it, goodbye, but you and I will continue. Every problem has a solution. It will not depend on Hussein or anyone else. We need to complete the journey that we started."

Saif agreed to Yasser's words. He said, "Basically, my friend, you're right, but we will not be able to give him his money back. Don't forget that we invested most of our money in the company. And now he wants his share, which is a third. How are we going to get him that?"

Yasser said to him, "Don't worry, I'll manage that. Even if I borrow the money to give back to him, the important thing is that I don't want to see his jinxed face in the company ever again! He's been all frustration and negativity since we started. Let him go so we can rest, man."

وفِعْلاً ياسِر ما اسْتنّى، وبعِد كم يوْم كان مْدبِّر الفْلوس وراح لعِنْد حْسينْ عالبيْت وقالّو: "تْفضّل هيّ اللي إنْتَ دفعْتو، وكُلّ واحد في طريق، مع السّلامة. هيْك حْصُّتك صارت واصْلاك. بدّك إشي تاني؟"

حْسينْ ردّ: "لأ، بِدّيش إشي، بسّ تْزكّر إنّو إنْتَ اللي كبرّت القِصّة، مِش انا. وبْصراحة مِش مِسْتاهْلة، وبِدْناش نِخْسر بعض عشان شْوَيّة مصاري. بِدْنا نْضلّ صْحاب."

ردّ عليْه ياسِر بمْسْخرة: "آه آه أكيد! مِش رح نِخْسر بعض عشان شْوَيّة مصاري. والدّليل على كلامك إنّك قرّرِت تْسيب الشّرْكة وتْسيبْنا وإحْنا بْأوّل المِشْوار اللي بديْناه مع بعْض. عالعُموم إنْتَ حُرّ. مِش حقْدر أضْغط عليْك أكْتر مِن هيْك."

وهيْك بيكونوا ياسِر وسيْف حلّوا مُشْكِلةْ حْسينْ، وضلّ مُشْكِلةْ صاحِب المكان. راح تلت أيّام فِعْلِيّاً مِن الأُسْبوع إللي أعْطاهُم ايّاه مُهْلة، وعَ كلامو بعِد أرْبع أيّام رح يْطلّعْهُم مِن المكان.

سيْف أجتو فِكْرة وقال لصاحْبو حْسينْ: "شو رأْيَك نْروح لمُحامي ونْفهّمو القِصّة وهُوَّ أكيد بْلاقيلْنا حلّ لهادي المُشْكِلة؟ لإنّو هادي شغْلةِ المُحاميّين، وبِنْوَرْجيه عقْد الأجار اللي معْنا وبِنْشوف شو يِحْكيلْنا."

Actually, Yasser did not wait so long. After a few days, he came up with the money and went to Hussein's house and said to him, "Here is the money you paid, everyone goes his separate way, goodbye. That is your share, and now you have it. Do you need anything else?"

Hussein replied, "No, I don't need anything, but remember that you escalated it, not me, and to be honest, it is not worth it. We don't want to lose each other for some money. We want to stay friends."

Yasser replied to him sarcastically, "Oh, sure, we will not lose each other for some money, and the proof to what you're saying is that you decided to leave the company and leave us while we're just getting started together. At the end of the day, you're free. I can't push you more than this."

And now Yasser and Saif have solved Hussein's problem, and what's left is the landlord's problem. Three days of the week that he gave them as a time limit are gone already, and after four days, as he said, he will kick them out of the place.

Saif got an idea and said to his friend Hussein, "What do you think about us going to a lawyer and telling him the story, and he'll surely find us a solution to this problem? Because this is what lawyers do, and we'll show him the lease that we have, and we'll see what he tells us."

حْسين عجْبتو الفِكْرة وقالّو: "وإنْتَ جِبْتها يا صاحْبي. إحْنا فِعْلاً لازِم نْروح لمُحامي ونْوَرْجيه عقْد الأجار تبع المكان اللي معْنا. ولَوْ بدّْها تْوَصِّل إنّو نِرْفع عليْه قضية مِش رح نتْرَدّد."

بعِد ما سألوا كم واحد بيعْرفوهُم عن أفْضل مُحامي بيقْدر يْحِلّ هيْك قِصص، وِصْلوا لمُحامي شاطِر ومْباشرة راحوا لعِنْدو عالمكْتب وشرحولو المُشْكِلة مِن أوّلْها لآخِرْها.

المُحامي بعِد ما طلب يْشوف عقْد الأجار حكالْهُم: "العقِد مزْبوط ١٠٠٪ وحسب ما هُوَّ مْبيَّن هِنا، ما بيقْدر يْطلِّعْكُم قبِل ما تِنْتِهي مُدِّةْ الأجار، اللي هِيَّ بِالحالةْ تعتْكُم سنة وحْدة إلّا لَوْ إنْتو وافقْتوا على إنْهاء العقِد."

حكالْهُم المُحامي: "الحلّ إنّو نِتْوجّه للمحْكمة وتِرْفعوا قضية عليْه، ونْوَرْجي المحْكمة عقْد الأجار وهِيِّ بِتْشوف شُغْلْها معو." وبعِد ما راحوا للمحْكمة، طلْبت المحْكمة حُضور صاحِب المكان كمان وحدّدوا يوْم لهادي القضية.

وفي اليوْم اللي اتْحدّد، أجى ياسِر وسيْف والمُحامي تبعْهُم وكمان صاحِب المكان والمُحامي تبعو على المحْكمة، وكُلّْهُم وِقْفوا قُدّام القاضي لَيُحْكُم بيْناتْهُم ويِسْمعوا قرارو.

Hussein liked the idea and said, "You're right, my friend. We really have to go to a lawyer and show him the lease that we have, and if we have to file a case against him, we will not hesitate."

After they asked a few people they know about the best lawyer that can solve such matters, they reached out to a good lawyer and immediately went to his office and explained the problem from the beginning to the end.

After requesting to see the lease, the lawyer told them, "The contract is 100% authentic, and according to what is shown here, he can't kick you out of the place before the lease expires, which is one year in your case, unless you agree to terminate the contract."

The lawyer told them, "The solution to this is to go to the court and file a case against them, and we show the lease to the court, and they will handle him." And after they went to the court, the court requested the landlord show up, and they appointed a day for the case.

And on that day, Yasser, Saif, their lawyer, the landlord, and his lawyer showed up at the court, and all of them stood before the judge to hear his decision.

القاضي بعِد ما شاف العقِد، قرّر حسب بْنود العقْد إنّو ما بْحقّ لصاحِب المكان يْطلِّعْهُم وَلا يِنْهي العقِد تبعْهُم قبِل ما تِنْتِهي السّنة، إلّا لَوْ هُمَّ وافقوا على إنْهاء العقِد، لإنّو كان الاتِّفاق إنّو ما بينْفع طرف واحد يِنْهي العقْد قبِل اِنْتِهاء المدُّة. لازِم الطّرفينْ يْوافْقوا.

ياسِر وسيْف كِسْبوا القضية، بسّ هُمَّ خلص مِش حابّين يْضلُّهُم في المكان فتْرة أطْوَل. المشاكِل مع صاحِبْهُم حْسينْ ومع صاحِب المكان أثرت كْتير عليْهُم وكُلّ هادي المشاكِل أجت في وَقِت واحد. لهيْك اتّفقوا إنْهُم يْضلّوا بِالمكان لحدّ ما يْلاقوا مكان جْديد يِتْأجّروه ويِنْقِلوا شرِكْتْهُم عليْه. وفعِلاً، كانوا محْظوظين ولقوا مكان جْديد بْسُرْعة.

بلّش ياسِر وسيْف يِنْقِلوا في مكْتبْهُم للمكان الجْديد. وبعِد يومينْ مِن النّقِل والإجراءات مع صاحِب المكان الجْديد، خلص صار المكان الجْديد بِإسِمْهُم واتْأجّروه رسْمي.

كمّلوا مِشْوارْهُم اللي بدوه في المكان القديم، وصاروا يِنْشُروا في إسِم شرِكِتْهُم ويِعْلِنوا عنْها بْكُلّ مكان، وبنوا شبكِةْ علاقات مع ناس تانْيين فاتْحين محلّات وشرِكات بْنفْس المنْطِقة.

The judge, after seeing the contract, decided, according to the terms of the lease, that the landlord can not kick them out or terminate the contract before the end of the year unless they agree on the termination of the contract because it was agreed that one party can't terminate the contract before the set duration. The two parties must agree.

Yasser and Seif won the case, but they don't want to stay in the place any longer. The problems with their friend Hussein and the landlord got the best of them, and all these problems happened at the same time. So, they agreed that they stay in the place only until they find a new one to rent and move their company there. And indeed, they were lucky that they found a new place so fast.

Yasser and Saif started to move their office to the new place. After two days of moving out and doing some procedures with the new landlord, now they got a new place, and they officially rented it.

They continued the journey they started in the old place. They began to advertise their company everywhere and built a network of relationships with other people with shops and businesses in the same area.

صاروا يِقْترِحوا لأصْدِقائْهُم الجْداد وأصْحاب الشِّرْكات اللي بيعْرفوهُم خِدْماتْهُم التّسْويقيّة. في مِنْهُم اِقْتنع في فِكْرِتْهُم وفي خِدْماتْهُم وفي لأ، بسّ يوْم عن يوْم كانوا زبايِنْهُم يْزيدوا أكْتر وأكْتر.

ياسِر بيحْكي لصاحْبو سيْف: "والله يا صاحْبي، أنا شايِف إنّو مِن بعِد ما نقلْنا على المكان الجْديد وإحْنا بِنْجيب زبايِن أكْتر، صِرْنا مِش مْلاحْقين عليْهُم. شو رأْيَك نْجيب كمان مْوَظّف أَوْ اِتْنيْن معْنا يْساعْدونا؟"

سيْف ردّ عليْه: "والله معك حقّ. فِعْلاً صار في عِنّا زبايِن أكْتر مِن لمّا كُنّا بِالمكان القديم، وبْفتْرة أقلّ كمان. وبِالنِّسْبة لقِصِّة المُوَظّفين الجْداد، فأنا معك فيها. جدّ إحْنا مِحْتاجين حدّ يْساعِدْنا."

كمّل سيْف كلامو: "خلص اِسْمع، أنا بُكْرا بنزِّل إعْلان وَظيفة إنّو إحْنا مِحْتاجين مْسوِّق رقمي يْساعِدْنا في الشِّرْكة، وأكيد رح نْلاقي ناس كْتير."

تاني يوْم نزّل سيْف إعْلان الوَظيفة على مَوْقِعْهُم الرّسْمي وعلى مُواقِع التَّواصُل الاِجْتِماعي لتوصل للأشْخاص المعْنيّين، وفِعْلاً، اِتْقدِّم للوَظيفة عشرات الأشْخاص. صاروا يِفْرِزوا في طلباتْهُم لحدّ ما وِصْلوا لقائمة بِأفْضل عشر أشْخاص، وقرروا إنُّهُم يِعْملولْهُم مُقابلات لَيِخْتاروا مِنْهُم أفْضل اِتْنيْن.

They started pitching their marketing services to their new friends and company owners. Some of them were convinced with their idea and their services, and some were not, but day after day, their customers were increasing more and more.

Yasser tells his friend Saif, "My friend, I see that since we moved into the new place, we've been getting more customers, we can barely keep up with their orders. What do you think about hiring an employee or two to help us?"

Saif replied to him, "You're right. Indeed, we've been getting more customers than we used to do when we were in the old place, and in a shorter period of time as well. As far as the new employees are concerned, I agree with you. We really need someone to help us."

Saif continued his talk, "Listen, I'll post a job announcement that we need a digital marketer to help us in the company, and I am sure we will find a lot of people."

The next day, Saif posted the job announcement on their official website and on social media websites to reach interested people. Indeed, dozens of people applied for the job. They started sorting their applications until they made a top 10 list. They decided that they would be interviewing them to choose the top two.

سيْف بيحْكي لَياسِر: "خلّينا نْجهِّز أسْئِلةْ المُقابلات اللي حنِسْألْها للعشر أشْخاص اللي رح نْقابِلْهُم بُكْرا. أنا رح أكْتِب أسْئِلْتي، وإنْتَ اِكْتِبْلك كم سُؤال. وبْنِتْناقِش أنا وايّاك وبْنِتِّفِق كُلّ واحد شو يِسْأل وبناءً على عدد الأسْئِلة بِنْحُطّ التّقْييم."

تاني يوْم بدوا في عمل المُقابلات للعشر أشْخاص، وكانوا كُلّْهُم مُميِّزين. بسّ هُمَّ كانوا مِحْتاجين شخْصيْن بسّ. لهيْك حسبوا التّقْييم إلْهُم كُلّْهُم واخْتاروا شخْصيْن ووَظّفوهُم في شِرِكْتْهُم بعِد ما فهّموهُم شو المطْلوب مِنْهُم، ومُباشرة بلّشوا شُغْل معْهُم لإنّو هُمَّ حالِيّاً مِش زيّ زمان. صار في عِنْدْهُم زبايِن أكْتر ويا دوْب مْلحْقين عليْهُم.

شهِر وَرا شهِر كانوا زبايِنْهُم بيزيدوا، وكُلّ ما يْحِسّوا إنّْهُم مِحْتاجين مْوظّف جْديد كانوا يْنزّْلوا إعْلان. ويقابْلوا الأشْخاص المعْنيين، ويِفْرِزوهُم ويْوَظّْفوهُم.

اليوْم شِرِكْتْهُم صارت معْروفة في كُلّ فلسْطين وفي بعْض الدُّوَل العربية كمان. ومع زِيادةْ خِبِرْتْهُم في المجالّ وزِيادةْ زبايِنْهُم، صاروا يْحقِّقوا أرْباح أكْتر. ومع الوَقِت صاروا قادْرين يْطوّْروا مِن شِرِكْتْهُم ويْسوّْقوا ويِعْلِنوا لشِرِكْتْهُم في كُلّ العالم.

Saif tells Yasser, "Let's prepare the interview questions that we'll be asking to the ten people who we will interview tomorrow. I will write my questions, and you write a few questions, and you and I will discuss that and agree on what each one of us will ask, and we'll evaluate based on the number of questions."

The next day they started interviewing the ten people, and they were all amazing, but they only needed two people. So, they evaluated all of them, chose two people, and hired them in their company after telling them about what they have to do. They immediately started working with them because now they're not like what they used to be in the past. They now have more customers, and they can barely follow up on their requests.

Month by month, they were getting more customers, and whenever they feel that they needed a new employee, they'd post a new job announcement. They would interview interested people, and sort them out, and then and hire them.

Today, their company has become well-known all over Palestine and in some Arab countries, as well. With their experience in the field increasing and their customers increasing, they started making more profits. Over time, they were able to develop their company, market it, and advertise it all over the world.

وبْمساعدةْ الشّباب اللي بيشْتِغْلوا معْهُم عملوا إعْلانات في كُلّ مكان عالنّت، وشْوَيّة شْوَيّة صارت شِرِكْتْهُم معْروفة أكْتر على المُسْتَوى العالمي. طبْعاً الفضِل بيرْجع لعزيمِتْهُم القَوّية وعدم اِسْتِسْلامْهُم قُدّام المشاكِل والصُّعوبات اللي كانت تِطْلعِلْهُم بْأوّل المِشْوار.

سيْف وياسِر صار عِنْدْهُم سنَوات خِبْرة كْتير مْقارنة بْصاحِبْهُم حْسيْن إللي قرّر يِترْكْهُم ويِترْك الشِّرْكة وياخُد حُصّتو مِن الفْلوس اللي دفعْهُم لمّا أسّسوا الشِّرْكة. وهُوَّ بِهالحالة صار مِش قادِر يْقدِّم على وْظايِف لإنّو كُلّ الوَظايِف بْتُطْلُب عدد سنَوات خِبْرة مْعيّن في المجال، وكمان مِش قادِر يِتْراجع عن قرارو اللي أخدو بْإنّو يِبْعد عن صْحابو ياسِر وسيْف ويِترْك الشّراكة معْهُم، وأكيد مِش حَيْكون قادِر يِفْتح شِرْكة لحالو برْضو.

سيْف وياسِر صاروا رِجال أعْمال ناجْحين هلْقيْت. بنوا شِرِكْتْهُم مِن الصِّفِر ونشروا إسِمْها في كُلّ مكان لحدّ ما صارت شِرِكْتْهُم ناجْحة ومعْروفة في مجال التّسْويق وصار عِنْدْهُم زباين مِن كُلّ مكان في العالم، سَواء في الدُّوَل العربية أَوْ الغرْبية.

حْسيْن كان يْتابِع صْحابو سيْف وياسِر مِن بْعيد لبْعيد ويْشوف شو بيصير معْهُم في الشِّرْكة، ومِن جُوّاتو كان لِسّا مِش مُقْتنع بِالفِكْرة كْتير، وحاسِس إنُّها رح تِفْشل، وإنّو مَوْضوع إنّك تِفْتح شِرْكة كُلّو عالفاضي.

With the help of the guys they work with, they posted ads all over the internet, and a little by little, their company became more globally known. Of course, thanks to their strong determination and not giving up when facing problems and difficulties at the beginning.

Saif and Yasser have many years of experience now, compared to their friend Hussein, who decided to leave them, leave the company, and take back the money he paid when they first built the company. In this case, he became unable to apply for jobs because all the jobs require a certain number of years of experience in the field. Also, he cannot take back the decision that he made, which is to leave his friends Yasser and Saif and leave their partnership. For sure, he will not be able to start a company on his own.

Saif and Yasser are now successful businessmen. They built their company from scratch and published it everywhere until their company became successful and well-known in the marketing field. Now they have customers from all over the world, whether in the Arab or the Western countries.

Hussein watched his friends Saif and Yasser from afar to see what would happen to them and their company. And deep inside, he was still not very convinced of the idea, feeling that it would fail and that opening a business was not worth it.

بسّ بعِد ما شاف صْحابو وَيْن وِصْلوا وقدّيْش اِنْشهرت شِرْكِتْهُم، حسّ بِالنّدم كْتير، وقال بيْنو وبيْن نفْسو: "يا ريْتْني صبرْت شْوَيّة على المشاكِل اللي صارت معْنا أوّل ما فتحْنا الشِّرْكة، لكان صِرْت شْريك في شِرْكة ناجْحة ومعْروفة زيّ صْحابي سيْف وياسِر، ولكان صار معي مصاري أكْتر بِكْتير مِن الفِلوس اللي حطّيْتْها بْبدايةْ المشْروع."

ولكِن هادا هُوَّ مصير الشّخْص السّلْبي، اللي دايْماً بيركِّز على المُشْكِلة بدل ما يْركِّز على الحلّ، وبيركِّز على المصايِب بدل ما يْركِّز على الأشْياء المْنيحة.

بِالمُقابِل، صْحابو سيْف وياسِر كانوا دايْماً شايْفين الجُزْء الملْيان مِن الكاسة ومِقْتنعين إنّو الفِكْرة مُمْكِن تِنْجح ومُمْكِن لأ، بسّ قدّيْش بْتِتْعب على نفْسك إلّا ما تْلاقي نتيجة بِالآخِر، والشِرْكة زيُّها زيّ أيّ إشي تاني بِالحَياة. وعلى رأي المثل القديم: "اللي بيزْرع بْيُحْصُد."

But after seeing his friends, how far they had gotten now, and the fame that their company now has, he felt regretful. He said to himself, "Oh, I wish I had patience when we faced the problems the first time we started the business, I would have been a co-founder of a successful and well-known company, just like my friends Saif and Yasser, and I would have had a lot more money than what I've invested at the beginning of the business."

But this is the destiny of the negative person, who always focuses on the problem instead of focusing on the solution, and focuses on the adversity instead of focusing on the good things.

On the other hand, his friends, Saif and Yasser, always saw the glass half full, believing that the idea might or might not succeed. Still, the harder you work, the more surely you'll see a result, and the company is just like any other thing in life. And just like the old saying goes: Where there's a will, there's a way!

Arabic Text without Tashkeel

For a more authentic reading challenge, read the story without the aid of diacritics (tashkeel) and the parallel English translation.

اللي بيزرع بيحصد

ياسر وحسين وسيف صحاب من زمان، من أيام المدرسة، وكانوا يقضوا أغلب وقتهم مع بعض، في المدرسة، وبعد المدرسة في الشارع لما يلعبوا كورة، وبكل مكان كانوا يروحوه كانوا دايما يروحوا مع بعض، كإنهم توائم، وكل الناس كانت ملاحظة هادا الإشي عليهم.

لما كبروا، ومن كتر ما هم متعلقين ببعض، قرروا بعد ما خلصوا مدرسة إنهم يدرسوا نفس التخصص سوا. وبعد كتير مناقشات بينهم هم التلاتة وحسب ما شافوا العالم وين متوجه، قرروا إنهم يدرسوا تسويق رقمي لإنو هادا التخصص إلو شغل كتير.

سيف بيحكي: "وأخيرا صرنا بالجامعة. هادي المرحلة كنت دايما أستنى إني أوصلها، بس هلقيت لازم نتعب أكتر لإنو الجامعة ما فيها لعب زي المدرسة."

كانوا في الجامعة كمان يقعدوا مع بعض ويحكوا عن أحلامهم وطموحاتهم دايما. مثلا حسين كان يأسان كتير من الحياة ودايما متوتر ومفكر إنو رح يتخرج وما يلاقي شغل وهالموضوع كان مسببلو أزمة ومخليه مش مركز بدراستو.

حسين كان يردد كلام زي هيك: "أكتر إشي خايف منو تروح كل السنين اللي قريتها بالجامعة عالفاضي. الخريجين كتار وفش شغل في البلد. أيام سودا بتستنانا."

أما سيف وياسر كانوا يتطلعوا عالجزء المليان من الكاسة، ويفكروا بشكل إيجابي لإنهم شايفين إنو تخصصهم كتير مطلوب في السوق وإنهم قادرين يلاقوا شغل مناسب حتى لو كان في تنافس كبير وفرص قليلة.

وبعد أربع سنين خلصوا دراسة بالجامعة واتخرجوا منها. وصاروا يدوروا على شغل بكل مكان، ولكن ياسر اقترح عليهم إنهم يفتحوا شركة هم التلاتة مع بعض ويكونوا شركا لإنو بالحالة هادي مش رح يضطروا إنهم يقدموا على شغل في شركات تانية.

حسين رد عليه بسرعة وقالو: "يا زلمة شركة شو؟ إنت بتفكر موضوع الشركة سهل؟ بدك مصاري كتير ولسا بدك وقت عشان الناس تعرفك ويصيروا يتعاملوا معك. انسى الموضوع كلو. بلا هبل."

سيف عجبتو الفكرة وعلق عالموضوع: "والله فكرة حلوة. صح هي فيها مخاطر وبدها فلوس بس لو إحنا تعبنا على حالنا، خاصة في البدايات، رح يطلع منا إشي كتير حلو، وشوية شوية بنكبر في السوق والناس بتعرفنا."

ياسر وسيف بيحاولوا يقنعوا حسين بالفكرة لحتى يغير رأيو ويضل معهم في الفكرة اللي هم بيطمحوا إنهم يطبقوها على أرض الواقع. ياسر بيحكيلو: "إنت ليش هيك دايما سلبي؟ ليش ما تحكي إنو هدول الشركات المشهورة في يوم من الأيام كانوا مبتدئين زينا؟ وهم بعد شغل كم سنة وبعد التعب وصلوا لللي هم بدهم إياه؟"

سيف علق: "مزبوط كلامك يا ياسر، والفكرة ممكن تكون جنونية بس مش مستحيلة. في كتير ناس من بلدنا كان عندهم شركات صغيرة وشوية شوية كبروا في السوق وصار إلهم إسم، وإنت عارف هالحكي!"

بعد ما ضل سيف وياسر يحاولوا يقنعوا حسين، قرر حسين إنو يوافق على الفكرة ويشارك معهم في المشروع اللي بدهم يعملوه، بس بينو وبين نفسو ما كان مقتنع بالفكرة كتير، بس هو ما بدو صحابو يزعلوا منو، لهيك وافق.

بعد ما وافق حسين، اتفقوا كلهم يستعينوا بالناس الخبرة في مجال الشركات ويطلبوا منهم نصايح بخصوص آلية عمل الشركات وبأي مجال بينصحوهم يفتحوا الشركة.

ومع إنو حسين مش كتير متفائل بالمشروع وفكرتو إلا إنو اتبرع يحكي مع ناس صحابو عندهم شركة ليفهم منهم كيف نظام الشركات في البلد بشكل عام وهل بينصحوهم يفتحوا شركة جديدة ولا عالفاضي.

وياسر حكى: "وأنا كمان رح أسأل أبوي. صحابو عندهم شركة مقاولات وأكيد رح يفيدونا. إلهم عشرين سنة بالمجال، يعني رح يعطونا خلاصة خبرتهم."

وبعد المشاورة بينهم وبين بعضهم، وبعد ما سألوا كم شخص متخصص في واحد منهم حكالهم: "إنتو التلاتة دارسين نفس التخصص وأحسن حل إنكو تفتحوا شركة في مجالكم، يعني في التسويق الرقمي، وهيك بيكون في عندكو مجال أكتر للإبداع."

رد ياسر: "أنا معك مية بالمية. هو صح، في عنا خيارات كتير، بس إحنا درسنا أربع سنين في الجامعة وتخصصنا كتير حلو وإلو مجال سواء في البلد أو عالنت، فالأفضل إنو نشتغل بتخصصنا لإنو أكتر إشي بنفهم فيه."

بلشوا الشباب يطبقوا فكرتهم اللي هي عبارة عن شركة تسويق رقمي. جمعوا الفلوس اللازمة والأدوات إللي بتلزمهم في فتح مكتب جديد. وصاروا يدوروا على مكان مناسب يفتحوا فيه شركتهم.

بعد كم أسبوع وهم يدوروا على مكان، حسين بيحكي بنبرة كلها تشاؤم: "يا عمي، الواحد من أولها بدو يتعب هيك؟ كل هاد ولسا بندور على مكان. كيف بكرة لما نشتغل؟ اسمعوا شو رأيكم نلغي الفكرة وخلص؟"

سيف ما سكتلو وحكالو: "نفسي أعرف وقتيش بدك تبطل سلبي. يا زلمة، بيكفي! ليش دايما بتفكر في المشكلة وبس؟ جرب مرة تفكر في الحل وساعدنا نلاقي مكان بدل ما إنت بتحبط حالك وبتحبطنا معك."

ياسر علق: "خلص يا شباب، اهدوا! رح نضل ندور بكل مكان وصدقوني إلا ما نلاقي مكان مناسب. بكرا بنطلع سوا وبندور في مكان جديد يكون حيوي وبيزبط نفتح فيه الشركة، وبنفس الوقت ما بدنا اياه يكون بعيد عن بيوتنا."

طلعوا الشباب تاني يوم، وكان حظهم حلو لإنو وأخيرا لقوا مكان مناسب في نص المدينة وصاروا يتفاهموا مع صاحب المكان وحكولو بدهم يفتحوا شركة تسويق.

عملوا الإجراءات اللازمة لتأجير هادا المكان، وبدوا يشتروا غراض المكتب الجديد، من كراسي وطاولات وأجهزة لاب توب، وكتبوا إسم الشركة عالمدخل وعلى الباب، وبدوا شغل فيه مباشرة.

طبعا هم عارفين إنو بالبداية لازم يتعبوا شوية لحتى يصيروا معروفين عند الزباين والناس اللي ممكن تستفيد من الخدمات اللي بيقدموها. لهيك بالبداية ما كان في نتائج كبيرة أو أي أرباح.

حسين كعادتو دايما متشائم. بيحكي لصحابو ياسر وسيف: "شايفين؟ مش قلتلكم عالفاضي! خسرنا كل فلوسنا وما استفدنا إشي. يلا احكيلي إنت واياه شو بدكو تعملوا هلقيت؟ والله لو يصحلي آخد فلوسي اللي دفعتها وأترك الشركة ما بوفر."

زعلوا منو صحابو من كلامو السلبي. ياسر بيحكي لسيف: "يا زلمة يا ريتنا ما أقنعناه يغير رأيو ويضل معنا في الشركة. اتطلع يا زلمة كيف بيحبط فينا، إحنا اتفقنا من البداية إنو نصبر أقل إشي سنة لحتى نشوف نتائج لإنو هلقيت إحنا لسا بنبني إسم إلنا في السوق."

يوم ورا يوم وشهر ورا شهر وهم بيشتغلوا سوا ليكبروا الشركة ويصير إلها زباين ليقدروا يحققوا فلوس منها. الكل كان شايف إنو شركتهم بتنشهر وبتكبر يوم عن يوم. وطبعا أهاليهم وكل الناس اللي بيحبوهم فرحولهم.

وفي يوم من الأيام، أجى صاحب المكان لعندهم عالشركة وفاجأهم بكلامو: "أنا بدي أنهي العقد تبعكم معي لإني محتاج المكان. إبني رجع من السفر وبدو يفتح مشروع بالمكان. رح أعطيكم مهلة أسبوع لتطلعوا من المكان عشان إبني يستلمو. ما حد يناقشني لو سمحتوا."

انصدموا التلات صحاب من كلام صاحب المكان وحكولو: "بس إحنا متفقين على أجار سنة، ودفعنالك اياه مقدم. ما بيطلعلك تطلعنا من المكان هيك بهالسهولة. يا سيدي لو مش عشان العقد عشان العشرة."

طبعا هم بيعرفوا صاحب المكان من قبل لإنو بيكون صاحب أبو سيف، بس للأسف ما اقتنع الراجل بكلامهم وضلوا مصر على رأيو، وحكالهم: "معكم مهلة أسبوع تطلعوا من المكان وإلا أنا بطلعكم منو بطريقتي!"

ويا حبيبي شو بتتوقعوا يكون موقف حسين؟ هو أساسا من الأول مسكتينو بالعافية لحتى تزبط أمور الشركة ويبطل كلامو السلبي وإحباطو لنفسو ولصحابو.

حسين صار يلطم ويحكي بعصبية: "يا حبيبي، هيك كملت عالآخر! والله حكيتلكم من قبل بلاها كل هالشغلة، بس كيف تسمعوا كلامي؟ يلا قبل كنا بمصيبة، هلقيت صرنا بتنتين!"

ياسر ولعت معو وصار يزعق في حسين ويقولو: "يا زلمة حل عنا. بيكفي بتزهقش وإنت تشكي؟! بيكفي زهقتنا، يا عمي خد مصاريك وسيبنا بحالنا!"

حسين رد عليه وقالو: "طب تمام، أنا موافق. يلا أعطوني مصاريا ومش رح تشوفوا وجهي بعد اليوم. أصلا أنا الحق علي إني وافقت من الأول، بس قلت بديش أزعلكم وبتضلكم صحابي ومن هالحكي."

للأسف، خربت علاقة الصحبة اللي بينهم. حسين وياسر بطلوا يحكوا مع بعض، لإنو حسين كان مش مآمن بالفكرة أصلا، وما صدق يلاقي أي مشكلة بتواجههم عشان يسيبهم ويمشي.

وفعلا هم كانوا بمصيبة صاروا بمصيبتين! إذا مش تلاتة كمان! تنسوش مصيبة حسين وإنو هلقيت صار يطالب بحقو والفلوس اللي دفعها لإنو بدو يطلع من الشركة خلص.

طبعا سيف وياسر مش عارفين يلاقوها من وين ولا من وين، من صاحب المكان اللي بدو ينهي العقد تبعهم ويطردهم من المكان، ولا من صاحبهم حسين اللي بدو مصاريه وبدو يترك الشركة ويبعد عن صحابو سيف وياسر.

ياسر اقترح على سيف اقتراح وقالو: "اسمع، هو حر. بدو مصاريه ياخدهم، مع السلامة، بس أنا واياك رح نكمل. كل مشكلة وإلها حل. مش رح توقف على حسين ولا غيرو. بدنا نكمل المشوار اللي بديناه."

سيف وافق على كلام ياسر وحكى: "مبدأيا يا صاحبي كلامك مزبوط بس إحنا مش رح نقدر نعطيه فلوسو هلقيت. تنساش إنو إحنا حطينا أغلب فلوسنا في الشركة وهو هلقيت بدو حصتو، يعني التلت. من وين بدنا نجيبلو اياهم؟"

ياسر حكالو: "تقلقش، أنا بدبرهم، حتى لو بدي أتداين عشان أعطيه فلوسو. المهم ما بدي أشوف وجهو النحس في الشركة بعد اليوم! من يوم ما بلشنا وهو بس شغل إحباط وسلبية. خلينا نفتك منو ونرتاح يا زلمة."

وفعلا ياسر ما استنى، وبعد كم يوم كان مدبر الفلوس وراح لعند حسين عالبيت وقالو: "تفضل هي اللي إنت دفعتو، وكل واحد في طريق، مع السلامة. هيك حصتك صارت واصلاك. بدك إشي تاني؟"

حسين رد: "لأ، بديش إشي، بس تزكر إنو إنت اللي كبرت القصة، مش انا. وبصراحة مش مستاهلة، وبدناش نخسر بعض عشان شوية مصاري. بدنا نضل صحاب."

رد عليه ياسر بمسخرة: "آه آه أكيد! مش رح نخسر بعض عشان شوية مصاري. والدليل على كلامك إنك قررت تسيب الشركة وتسيبنا وإحنا بأول المشوار اللي بديناه مع بعض. عالعموم إنت حر. مش حقدر أضغط عليك أكتر من هيك."

وهيك بيكونوا ياسر وسيف حلوا مشكلة حسين، وضل مشكلة صاحب المكان. راح تلت أيام فعليا من الأسبوع إللي أعطاهم اياه مهلة، وع كلامو بعد أربع أيام رح يطلعهم من المكان.

سيف أجتو فكرة وقال لصاحبو حسين: "شو رأيك نروح لمحامي ونفهمو القصة وهو أكيد بلاقيلنا حل لهادي المشكلة؟ لإنو هادي شغلة المحاميين، وبنورجيه عقد الأجار اللي معنا وبنشوف شو يحكيلنا."

حسين عجبتو الفكرة وقالو: "وإنت جبتها يا صاحبي. إحنا فعلا لازم نروح لمحامي ونورجيه عقد الأجار تبع المكان اللي معنا. ولو بدها توصل إنو نرفع عليه قضية مش رح نتردد."

بعد ما سألوا كم واحد بيعرفوهم عن أفضل محامي بيقدر يحل هيك قصص، وصلوا لمحامي شاطر ومباشرة راحوا لعندو عالمكتب وشرحولو المشكلة من أولها لآخرها.

المحامي بعد ما طلب يشوف عقد الأجار حكالهم: "العقد مزبوط ١٠٠٪ وحسب ما هو مبين هنا، ما بيقدر يطلعكم قبل ما تنتهي مدة الأجار، اللي هي بالحالة تعتكم سنة وحدة إلا لو إنتو وافقتوا على إنهاء العقد."

حكالهم المحامي: "الحل إنو نتوجه للمحكمة وترفعوا قضية عليه، ونورجي المحكمة عقد الأجار وهي بتشوف شغلها معو." وبعد ما راحوا للمحكمة، طلبت المحكمة حضور صاحب المكان كمان وحددوا يوم لهادي القضية.

وفي اليوم اللي اتحدد، أجى ياسر وسيف والمحامي تبعهم وكمان صاحب المكان والمحامي تبعو على المحكمة، وكلهم وقفوا قدام القاضي ليحكم بيناتهم ويسمعوا قرارو.

القاضي بعد ما شاف العقد، قرر حسب بنود العقد إنو ما بحق لصاحب المكان يطلعهم ولا ينهي العقد تبعهم قبل ما تنتهي السنة، إلا لو هم وافقوا على إنهاء العقد، لإنو كان الاتفاق إنو ما بينفع طرف واحد ينهي العقد قبل انتهاء المدة. لازم الطرفين يوافقوا.

ياسر وسيف كسبوا القضية، بس هم خلص مش حابين يضلهم في المكان فترة أطول. المشاكل مع صاحبهم حسين ومع صاحب المكان أثرت كتير عليهم وكل

هادي المشاكل أجت في وقت واحد. لهيك اتفقوا إنهم يضلوا بالمكان لحد ما يلاقوا مكان جديد يتأجروه وينقلوا شركتهم عليه. وفعلا، كانوا محظوظين ولقوا مكان جديد بسرعة.

بلش ياسر وسيف ينقلوا في مكتبهم للمكان الجديد. وبعد يومين من النقل والإجراءات مع صاحب المكان الجديد، خلص صار المكان الجديد بإسمهم واتأجروه رسمي.

كملوا مشوارهم اللي بدوه في المكان القديم، وصاروا ينشروا في إسم شركتهم ويعلنوا عنها بكل مكان، وبنوا شبكة علاقات مع ناس تانيين فاتحين محلات وشركات بنفس المنطقة.

صاروا يقترحوا لأصدقائهم الجداد وأصحاب الشركات اللي بيعرفوهم خدماتهم التسويقية. في منهم اقتنع في فكرتهم وفي خدماتهم وفي لأ، بس يوم عن يوم كانوا زباينهم يزيدوا أكتر وأكتر.

ياسر بيحكي لصاحبو سيف: "والله يا صاحبي، أنا شايف إنو من بعد ما نقلنا على المكان الجديد وإحنا بنجيب زباين أكتر، صرنا مش ملاحقين عليهم. شو رأيك نجيب كمان موظف أو اتنين معنا يساعدونا؟"

سيف رد عليه: "والله معك حق. فعلا صار في عنا زباين أكتر من لما كنا بالمكان القديم، وبفترة أقل كمان. وبالنسبة لقصة الموظفين الجداد، فأنا معك فيها. جد إحنا محتاجين حد يساعدنا."

كمل سيف كلامو: "خلص اسمع، أنا بكرا بنزل إعلان وظيفة إنو إحنا محتاجين مسوق رقمي يساعدنا في الشركة، وأكيد رح نلاقي ناس كتير."

تاني يوم نزل سيف إعلان الوظيفة على موقعهم الرسمي وعلى مواقع التواصل الاجتماعي لتوصل للأشخاص المعنيين، وفعلا، اتقدم للوظيفة عشرات الأشخاص. صاروا يفرزوا في طلباتهم لحد ما وصلوا لقائمة بأفضل عشر أشخاص، وقرروا إنهم يعملولهم مقابلات ليختاروا منهم أفضل اتنين.

سيف بيحكي لياسر: "خلينا نجهز أسئلة المقابلات اللي حنسألها للعشر أشخاص اللي رح نقابلهم بكرا. أنا رح أكتب أسئلتي، وإنط اكتبلك كم سؤال. وبنتناقش أنا واياك وبنتفق كل واحد شو يسأل وبناء على عدد الأسئلة بنحط التقييم."

تاني يوم بدوا في عمل المقابلات للعشر أشخاص، وكانوا كلهم مميزين. بس هم كانوا محتاجين شخصين بس. لهيك حسبوا التقييم إلهم كلهم واختاروا شخصين ووظفوهم في شركتهم بعد ما فهموهم شو المطلوب منهم، ومباشرة بلشوا شغل معهم لإنو هم حاليا مش زي زمان. صار في عندهم زباين أكتر ويا دوب ملحقين عليهم.

شهر ورا شهر كانوا زباينهم بيزيدوا، وكل ما يحسوا إنهم محتاجين موظف جديد كانوا ينزلوا إعلان. ويقابلوا الأشخاص المعنيين، ويفرزوهم ويوظفوهم.

اليوم شركتهم صارت معروفة في كل فلسطين وفي بعض الدول العربية كمان. ومع زيادة خبرتهم في المجال وزيادة زباينهم، صاروا يحققوا أرباح أكتر. ومع الوقت صاروا قادرين يطوروا من شركتهم ويسوقوا ويعلنوا لشركتهم في كل العالم.

وبمساعدة الشباب اللي بيشتغلوا معهم عملوا إعلانات في كل مكان عالنت، وشوية شوية صارت شركتهم معروفة أكتر على المستوى العالمي. طبعا الفضل بيرجع لعزيمتهم القوية وعدم استسلامهم قدام المشاكل والصعوبات اللي كانت تطلعلهم بأول المشوار.

سيف وياسر صار عندهم سنوات خبرة كتير مقارنة بصاحبهم حسين إللي قرر يتركهم ويترك الشركة وياخد حصتو من الفلوس اللي دفعهم لما أسسوا الشركة. وهو بهالحالة صار مش قادر يقدم على وظايف لإنو كل الوظايف بتطلب عدد سنوات خبرة معين في المجال، وكمان مش قادر يتراجع عن قرارو اللي أخدو بإنو يبعد عن صحابو ياسر وسيف ويترك الشراكة معهم، وأكيد مش حيكون قادر يفتح شركة لحالو برضو.

سيف وياسر صاروا رجال أعمال ناجحين هلقيت. بنوا شركتهم من الصفر ونشروا إسمها في كل مكان لحد ما صارت شركتهم ناجحة ومعروفة في مجال التسويق وصار عندهم زباين من كل مكان في العالم ، سواء في الدول العربية أو الغربية.

حسين كان يتابع صحابو سيف وياسر من بعيد لبعيد ويشوف شو بيصير معهم في الشركة، ومن جواتو كان لسا مش مقتنع بالفكرة كتير، وحاسس إنها رح تفشل، وإنو موضوع إنك تفتح شركة كلو عالفاضي.

بس بعد ما شاف صحابو وين وصلوا وقديش انشهرت شركتهم، حس بالندم كتير، وقال بينو وبين نفسو: "يا ريتني صبرت شوية على المشاكل اللي صارت معنا أول ما فتحنا الشركة، لكان صرت شريك في شركة ناجحة ومعروفة زي صحابي سيف وياسر، ولكان صار معي مصاري أكتر بكتير من الفلوس اللي حطيتها ببداية المشروع."

ولكن هادا هو مصير الشخص السلبي، اللي دايما بيركز على المشكلة بدل ما يركز على الحل، وبيركز على المصايب بدل ما يركز على الأشياء المنيحة.

بالمقابل، صحابو سيف وياسر كانوا دايما شايفين الجزء المليان من الكاسة ومقتنعين إنو الفكرة ممكن تنجح وممكن لأ، بس قديش بتتعب على نفسك إلا ما تلاقي نتيجة بالآخر، والشركة زيها زي أي إشي تاني بالحياة. وعلى رأي المثل القديم: "اللي بيزرع بيحصد."

Levantine Arabic Readers Series

www.lingualism.com/lar

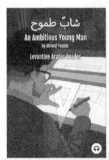

شابّ طموح
An Ambitious Young Man
by Ahmed Younis
Levantine Arabic Reader
Levantine Arabic Reader
اللي بيزْرع بُيحْصُد
Where There's a Will
by Ahmed Younis
Levantine Arabic Reader
حَياةْ فاطْمة
Fatimah's Life
by Israa Ramadan
رجْعةْ المدارِس
Back to School
by Raed Bader
Levantine Arabic Reader
البترْا
Petra
by Raed Bader
Levantine Arabic Reader
ما انْخلقِت لحتّى أبْقى
I Was Not Created to Stay
by Mais Salah
Levantine Arabic Reader
Levantine Arabic Reader
جرّةْ الفلّاح
The Farmer's Jar
by Mona Noureddine
وَرقةِ اليَناصيب
The Lottery Ticket
Levantine Arabic Reader
بْسَيْنات بَيْروت
The Cats of Beirut
by Maha Shehadi
Levantine Arabic Reader
القاتِل الأشْقر
The Blond Killer
by Maha Shehadi
Levantine Arabic Reader
قدّيْش حقّ السّمك؟
How Much Is the Fish?
by Ibrahim Al-Salloum
Levantine Arabic Reader
لَويْن رايْحين؟
Where Are We Going?
by Saad Al-Aayd
Levantine Arabic Reader
Levantine Arabic Reader
خليل و الأكْوان المتُعدِّدِة
Khalil and the Multiverse
by Saad Al-Aayd
تحِت شجرةْ اللّوْز
Under the Almond Tree
by Fadi Akkad
Levantine Arabic Reader
Levantine Arabic Reader
عمّي العزيز جاسِم
Dear Uncle Jassim
by Ammar Al-Shaami

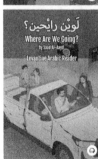

Printed in Great Britain
by Amazon

40446268R00030